BEI GRIN MACHT SICH IHR WISSEN BEZAHLT

- Wir veröffentlichen Ihre Hausarbeit, Bachelor- und Masterarbeit

- Ihr eigenes eBook und Buch - weltweit in allen wichtigen Shops

- Verdienen Sie an jedem Verkauf

Jetzt bei www.GRIN.com hochladen und kostenlos publizieren

Bibliografische Information der Deutschen Nationalbibliothek:

Die Deutsche Bibliothek verzeichnet diese Publikation in der Deutschen National-
bibliografie; detaillierte bibliografische Daten sind im Internet über http://dnb.d-
nb.de/ abrufbar.

Impressum:

Copyright © 2012 GRIN Verlag, Open Publishing GmbH
Druck und Bindung: Books on Demand GmbH, Norderstedt Germany
ISBN: 9783668586994

Dieses Buch bei GRIN:

http://www.grin.com/de/e-book/383133/organisationstheoretische-ansaetze-im-
ueberblick-der-taylorismus

Jeanette Dahlman

Organisationstheoretische Ansätze im Überblick. Der Taylorismus

GRIN Verlag

GRIN - Your knowledge has value

Der GRIN Verlag publiziert seit 1998 wissenschaftliche Arbeiten von Studenten, Hochschullehrern und anderen Akademikern als eBook und gedrucktes Buch. Die Verlagswebsite www.grin.com ist die ideale Plattform zur Veröffentlichung von Hausarbeiten, Abschlussarbeiten, wissenschaftlichen Aufsätzen, Dissertationen und Fachbüchern.

Besuchen Sie uns im Internet:

http://www.grin.com/

http://www.facebook.com/grincom

http://www.twitter.com/grin_com

Organisationstheoretische Ansätze: Der Taylorismus

Schriftliche Ausarbeitung zur Präsentation

Inhaltsverzeichnis

Abbildungsverzeichnis

Tabellenverzeichnis

1   Vorwort

Im Rahmen des vierten Semesters, im Modul Ö 2.5 „Organisations- und Projektmanagement", wird die Leistungsbeurteilung in Form einer Präsentation vorgenommen. Die Verfasserin hat hierzu eine schriftlichen Ausarbeitung zum Thema „Organisationtheoretische Ansätze: Der Taylorismus" angefertigt.

Ziel der Präsentation ist es einen Gesamtüberblick über organisationstheoretische Ansätze, insbesondere über den „Taylorismus", zu vermitteln. Dazu wird auf allgemeine theoretische Informationen eingegangen sowie das Konzept des „Taylorismus" anhand wesentlicher Kriterien erörtert. Weiterhin wird sich damit auseinandergesetzt, wo der Taylorismus praktisch Anwendung findet. Abschließend wird ein Fazit gezogen.

2   Theoretische Einführung

Bevor der Einstieg in den Themenkomplex „Taylorismus" erfolgt, ist vorerst zu klären, worum es sich bei organisationstheoretischen Ansätzen handelt und welcher Position der Taylorismus zuzuordnen ist.

2.1   Organisationstheoretische Ansätze

Schon vor Jahrtausenden wurde sich mit Organisationsproblemen beschäftigt und Lösungen gefunden. Ein Beispiel dafür enthält die Bibel (2. Buch Moses, 18. Kapitel, Vers 13-24):

„Moses wird von seinem Schwiegervater darauf aufmerksam gemacht, wie unzweckmäßig für das Volk und ihn selbst es ist, alle Streitfälle selbst zu schlichten, und er erhält Hinweise für eine „Reorganisation" des Verfahrens."

Die Bibelstelle zeigt, dass die heute noch heftig diskutierten Organisationsprinzipien Arbeitsteilung, Hierarchie und Delegation bereits damals eine Rolle gespielt haben.[1]

Diese Organisationsprinzipien sind wesentlicher Bestandteil der Organisationstheorien. Sie beschreiben die Existenz und Gestaltung von Organisationen und erarbeiten Erklärungsansätze, die dazu beitragen die Struktur und Funktionsweise von Organisation zu erkennen und zu verstehen.[2] Ihre Aufgabe ist es ein Aussagesystem für die zielgerichtete Gestaltung der Unternehmenskultur bereitzustellen.[3] Sie dienen der „Erforschung, Erklärung von Er-

---

[1] Vgl. Siepmann/Siepmann 2004, S. 23.
[2] Vgl. Bühner 2004, S. 103.
[3] Vgl. Bea/Göbel 2002, S. 21.

scheinungsformen der Organisation sowie der Entwicklung von Prinzipien zur Gestaltung von Organisationen"[4].

Statt einer Theorie existieren viele unterschiedliche theoretische Ansätze. Das liegt zum einen daran, dass der Organisationsbergriff unterschiedlich verstanden wird und zum anderen, das verschiedene Aspekte, Untersuchungsmethoden und Menschenbilder betrachtet werden. Jeder Ansatz trägt dazu bei, Organisationen besser verstehen und erklären zu können.[5]

2.2 Einordnung des Taylorismus

Wie bereits festgestellt, gibt es nicht die eine Organisationstheorie, sondern viele verschiedene Ausprägungen organisationstheoretischer Ansätze. In der Abb. 1 sind die wesentlichen, wie z.B. die klassischen, verhaltenstheoretischen und situativen Ansätze, benannt.

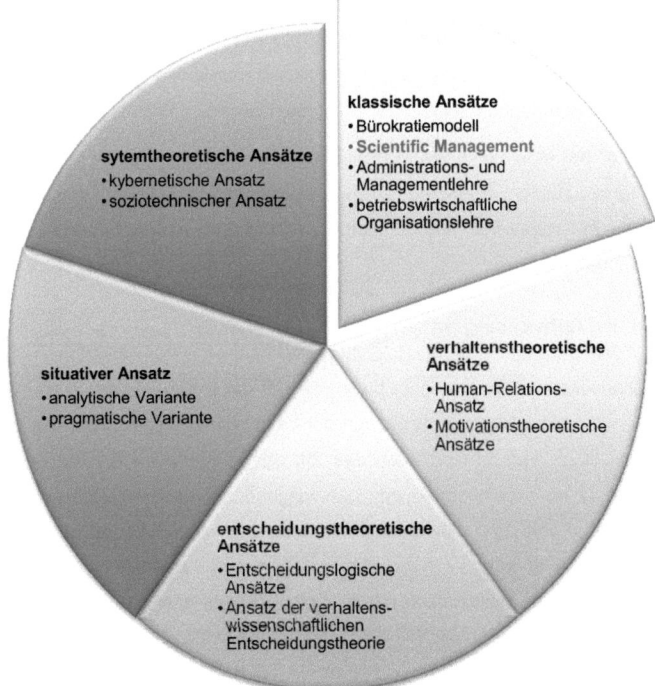

Abb. 1: Organisationstheoretische Ansätze (in Anlehnung an Vahs 2009, S. 26)

---

[4] Wirtschaftslexikon (o. J.), o. S.
[5] Vgl. Bea/Göbel 2002, S. 21.

Aus der Grafik ist ersichtlich, dass die unterschiedlichen Ansätze zu Gruppen zusammenge-fasst und zugeordnet werden können. Der „Taylorismus", hier als „Scientific Management" bezeichnet, gehört zu den klassischen Ansätzen. Aus chronologischer Sicht betrachtet bilden diese den Anfang organisationstheoretischer Ansätze.

Im nächsten Kapitel wird wird das Konzept des Taylorismus vorgestellt.

3 Taylorismus – Das Konzept

3.1 Vertreter des Ansatzes

Die zwei Hauptvertreter des Taylorismus sind Henri Fayol und Frederick Winslow Taylor. Der eigentliche Begründer und Namensgeber ist der amerikanische Ingenieur Frederick Winslow Taylor (*1856 / † 1915). Er gilt als Vater der wissenschaftlichen Betriebsführung.[6] Aus die-sem Grund ist sein Ansatz in der Literatur auch oft als „Scientific Management" bezeichnet. Seine Studien finden Niederschlag in seinen Werken „Shop Management" (1903) und „The Principles of Scientific Management" (1911).[7]

Frederic Winslow Taylor hat eine Lehre als Maschinenbauer absolviert. Später hat er ein Selbststudium zum Ingenieurdiplom gemacht und lange als Ingenieur und Unternehmensbe-rater gearbeitet. In seinem persönlichen Umfeld wurde er als arbeitsbesessen, leistungsori-entiert und diszipliniert charakterisiert.[8]

3.2 Hintergrund und Entwicklung

Der Ursprung des tayloristischen Ansatzes geht bis in die Zeit der Industrialisierung zurück. Die Entstehung hat somit in einer Übergangszeit, von der handwerklichen Fertigung des 19. Jahrhunderts zur industriellen Massenproduktion des 20. Jahrhunderts stattgefunden. Es herrschte ein Überangebot an Arbeitskräften aus überwiegend angelernten Arbeitern, die monotone Routinetätigkeiten verrichtet haben. Der Lohn ist entsprechend niedrig gewesen. Somit ist der damalige Arbeiter in erster Linie an Lohn und Sicherheit des Arbeitsplatzes inte-ressiert gewesen.[9] Für die Arbeitswissenschaft hat zu dieser Zeit vor allem die Rationalisie-rung im Vordergrund gestanden. Die menschliche Arbeitsleistung sollte so effektiv wie mög-lich sein.[10]

---

[6] „Father of Scientific Management"
[7] Vgl. Vahs 2009, S. 28.
[8] Vgl. Bea/Göbel 2002, S. 54, 55.
[9] Vgl. Siepmann/Siepmann 2004, S. 24.
[10] Vgl. Universität Köln (Hrsg.) (o. J.), o. S.

Neben Vorläufern wie z. B. das berühmte Stecknadelbeispiel von Adam Smith stellt Taylors Studie den Ausgangspunkt wissenschaftlicher Analysen von Arbeit und Management dar. Mit seiner Theorie hat er ein neues Leistungs- und Effizienzdenken begründet, welches durch die damalige Ansicht - Vergeudung menschlicher Arbeitskraft - geprägt wurde. Aus diesem Grund erforscht die wissenschaftliche Betriebsführung jede Arbeit bis ins kleinste Detail, um den „one best way" zu finden und ein Höchstmaß an Effizienz sicherzustellen.[11]

Welche Prinzipien und Merkmale Taylor in seinem Ansatz unterstellt und welche Ziele er sich gesetzt hat, wird im nächsten Abschnitt erörtert.

3.3 Grundlegende Kennzeichen des tayloristischen Ansatzes

Als Ingenieur hat Frederic Winslow Taylor die Vorstellung gehabt, die Organisation lasse sich wie eine Maschine präzise und optimal konstruieren. Diese Metapher „Organisation als Maschine"[12] zieht sich durch das ganze Konzept hindurch.

3.3.1 Prinzipien und Merkmale

Mit dem tayloristischen Konzept hat Taylor das „wissenschaftliche Experiment" eingeführt. Durch kontrolliertes experimentieren sind die geeignetsten Arbeiter, idealen Bewegungsabläufe und ein perfektes Entlohnungssystem identifiziert worden. Neue Vorgaben und höhere Leistungsstandards sind das Ergebnis.[13]

Dieses Experiment ist eine Art systematische Beobachtung, welche bestimmten Prinzipien und Merkmalen unterliegt.

a) Trennung von Hand- und Kopfarbeit

Anders ausgedrückt wird hierunter die Trennung von Planung und Ausführung der Arbeit vorgenommen. Das Management übernimmt dabei die Planung und Kontrolle der Kopfarbeit. Der Arbeiter führt dann die vorgeplante Arbeit aus. Der Einsatz weniger Fachkräfte, aber eine Vielzahl an gering qualifizierten Arbeitern ist somit umsetzbar.[14] Die Umsetzung erfolgt mithilfe der Nutzung von traditionellem Wissen[15]. Es handelt sich hierbei um eine vertikale Arbeitsteilung.[16]

---

[11] Vgl. Vahs 2009, S. 29.
[12] Vgl. Bea/Göbel 2002, S.56.
[13] Vgl. Kieser/Walgenbach 2010, S. 31
[14] Vgl. Vahs 2009, S. 29.
[15] Insbesondere durch das implizite Wissen der Arbeiter.
[16] Vgl. Bühner 2004, S. 105.

b) Zeitstudien

Die menschlichen Arbeitsabläufe sind in systematische und möglichst kleine Elementarbewegungen zerlegt worden, die dann zu optimalen gleichförmigen und hoch spezialisierten Arbeitsfolgen zusammengefasst worden sind. Diese horizontale Arbeitsteilung führt zu niedrigem Anforderungsniveau an die Arbeiter und kurze Anlernzeiten.[17]

c) Pensum und Differenzial-Lohnsystem

Aus den ermittelten Werten der Zeitstudien wird ein Tagespensum festgelegt, das von einem Arbeiter bewältigt werden kann. Als Anreiz zur Überschreitung dieser Normalleistung hat Taylor das Differenzial-Lohnsystem eingeführt. Das System basiert auf dem Stücklohn und ersetzt den Stundenlohn. Wer sein Pensum nicht erfüllt muss mit Strafen wie z.B. Lohnabzug oder Geldstrafen rechnen. Damit verbunden ist eine Erziehungsfunktion der Arbeiter, da aus Taylors Sicht der Mensch nur durch Geld motiviert werden kann.[18]

d) Auslese und Anpassung der Arbeiter

Die Auslese der geeignetsten Arbeiter schafft einen „erstklassigen Arbeiterstamm". Die Arbeiter werden nach wissenschaftlichen Methoden für eine bestimmte Arbeit ausgewählt und werden auf eine Tätigkeit spezialisiert. Die strukturelle Verankerung der Trennung geistiger und körperlicher Arbeit wird durch die Einführung des sog. „Funktionsmeistersystem", ein Mehrliniensystem der Organisation, gewahrt. Das System verteilt die Aufgaben auf acht Funktionsmeister[19]. Dadurch ist ein hohes Maß an Spezialisierung gegeben.[20]

e) Versöhnung zwischen Arbeiter und Unternehmer

In diesem Punkt unterscheiden sich die Auffassungen in der Literatur. Zum einen wird gesagt, dass Taylor davon ausgegangen ist, den Konflikt zwischen Arbeiter und Unternehmer zu lösen, indem er die Produktivität in dem Maß steigert, dass der Streit um die Verteilung der erzielten Erträge zur Nebensache wird.[21] Auf der anderen Seite ist die Rede von einer „Expertenherrschaft". Eine Konfliktlösung soll hier durch Festlegung der Mengenangaben und Lohnanreize nach objektiven Gesichtspunkten herbeigeführt werden. Der Gedanke ist, dass dann kein Spielraum mehr für Lohnstreit existiert.[22]

Alle Merkmale sind bewusst gewählt, um angestrebte Ziele erreichen zu können. Auf die gesetzten Ziele wird im nächsten Abschnitt eingegangen.

---

[17] Vgl. Vahs 2009, S. 29.
[18] Vgl. Kieser/Walgenbach 2010, S. 31; Vahs 2009, S. 29.
[19] Verrichtungs-, Geschwindigkeits-, Prüf-, Instandhaltungsmeister, Arbeitsverteiler, Unterweisungs-, Aufsichts-, Zeit- und Kostenbeamter.
[20] Vgl. Bea/Göbel 2002, S. 57, 58; Vahs 2009, S. 30.
[21] Vgl. Kieser/Walgenbach 2010, S. 32.
[22] Vgl. Bühner 2004, S. 105.

3.3.2 Ziele

Die Ziele des Taylorismus werden überwiegend durch die Historie begründet, indem der Taylorismus umsetzt, was zur damaligen Zeit nicht üblich gewesen ist.

Die Ziele des Taylorismus sind unter anderem:

- Steigerung der Arbeitsleistung,
- Optimale Ausnutzung aller Ressourcen,
- Wachsender Wohlstand und dessen gerechte Verteilung,
- Erziehung der Arbeiter zu „wertvollen" Menschen,
- Optimierung der Ablauforganisation und
- Effizienzsteigerung.[23]

Alle Ziele tragen dazu bei, den „one best way" zu erreichen, der als Oberziel formuliert werden kann.

Im folgenden Abschnitt werden die Vor- und Nachteile dieses Theorieansatzes gegenübergestellt.

3.4 Vor- und Nachteile

Im Rahmen dieser Ausarbeitung ist deutlich geworden, dass es keine Organisationstheorie gibt, die allgemeingültig ist. Logische Schlussfolgerung ist, dass die theoretischen Ansätze Vor- und Nachteile aufweisen.

Die wesentlichen Vor- und Nachteile des tayloristischen Ansatzes sind in der Tab. 1 aufgelistet und werden anschließend erläutert.

---

[23] Vgl. Bea/Göbel 2002, S. 56, 61.

Tab. 1: Vor- und Nachteile des Taylorismus (in Anlehnung an Siepmann/Siepmann 2004, S. 21 f.; sowie Bea/Göbel 2002, S. 55 f.)

Vorteile	Nachteile
Optimierung	pessimistisches Menschenbild („faul, dumm, etc.")
Produktivitäts-/ Effizienzsteigerung	Mensch als Produktionsfaktor
Substituierbarkeit des Faktors Arbeit	Monotonie
kurze Anlern- und Einarbeitungszeiten	fehlende Identifikation
steigendes Lohnniveau	einseitige Belastung
einfache Kontrolle	soziale Isolation
teilweise Zielharmonie zwischen Arbeiter und Unternehmer	betriebliche Zwei Klassen-Gesellschaft
	hoher Koordinationsaufwand

Zu den Vorteilen zählt die Optimierung von Produktionsprozessen, menschlicher Arbeitskraft sowie die Ablaufoptimierung durch Spezialisten. Weiterhin ist eine hohe Produktivitäts- und Effizienzsteigerung, durch die systematische Optimierung des Einsatzes menschlicher Arbeit, zu verzeichnen. Allerdings wird diese teilweise auf Kosten der Menschen erzielt. Der Mensch wird im Taylorismus als reiner Produktionsfaktor gesehen, der möglichst den zuverlässig arbeitenden Maschinen entsprechen soll. Das pessimistische Menschenbild, das Taylor hat, begründet die zuvor genannte Sichtweise. Laut Taylor ist der Mensch faul, dumm und lässt sich nur mit Geld motivieren.

Weiterhin wird die Substituierbarkeit des Faktors Arbeit als vorteilhaft benannt. Damit ist das leichtere Ersetzen einer Arbeitskraft gemeint, indem auf operativer Ebene eine Reduktion auf Anlerntätigkeiten stattfindet. Gleichzeit verkürzen sich die Anlern- und Einarbeitungszeiten. Auf der anderen Seite entstehen monotone Arbeitsabläufe, was vor allem zu steigender Unzufriedenheit bei den Arbeitern führen kann. Außerdem können sich die Arbeiter zunehmend nicht mehr mit ihrer Tätigkeit identifizieren, weil sie nur noch einen kleinen Beitrag zum Ganzen leisten dürfen. Letztendlich kann die einseitige Belastung auch zu körperlichen Schäden führen. Alle Faktoren zusammen fördern die soziale Isolation des Arbeiters.

Die betriebliche Zwei-Klassen-Gesellschaft bildet sich wiederum aus dem Menschenbild Taylors. Dieses Mal ist der Idealtyp zu betrachten. Demnach gibt es einen Teil, der aufgrund seiner angeborenen Intelligenz, Fleiß und theoretische Bildung zu einer Leitungsfunktion berufen ist. Der andere Teil ist durch seine körperliche Kraft zur körperlichen Arbeit geeignet. Dieses Argument steht im Widerspruch zu der Zielharmonie zwischen Arbeiter und Unternehmer. Als weitere Vor- und Nachteile werden das steigende Lohnniveau durch Lohnerhöhungen und Prämien, einfache Kontrolle sowie der hohe Koordinationsaufwand genannt.

Zusammenfassend ist anzumerken, dass bei der optischen Betrachtung der Gegenüberstellung ein Ausgleich zwischen Vor- und Nachteilen zu vermuten ist. Durch die genaue Betrachtung anhand ergänzender Erläuterungen wird jedoch bemerkbar, dass die Nachteile schwerer ins Gewicht fallen.

Das nächste Kapitel beschäftigt sich mit der praktischen Umsetzung des Konzeptes Taylorismus.

4 Praktische Umsetzung

Taylors Vorstellungen

- Arbeiter auf wenige Handgriffe zu spezialisieren
- Ausführung in optimaler Weise in der vorgegebenen Zeit
- Zusammenfügung der Einzeltätigkeiten zu einer ununterbrochenen Kette

sind in der Organisationspraxis auf große Resonanz gestoßen.[24]

Bis heute sind Zeit- und Bewegungsstudien weiterentwickelt worden. In Deutschland vor allem durch den Verband für Arbeitsstudien und Betriebsorganisation e.V. (REFA). Seinen Höhepunkt erreicht der tayloristische Ansatz in der Fließbandfertigung.[25]

Während Taylor sich mit der Rationalisierung handwerklicher Arbeit befasste, optimierte Henry Ford seine industrielle Automobilproduktion mit Hilfe Taylors Erkenntnissen. Im Jahre 1913 hat Ford das Prinzip der Fließfertigung übernommen.[26]

Aufgrund der arbeitsorganisatorisch optimalen Anordnung von Mensch und Maschine konnte die Herstellung von Automobilen „von einer qualifizierten Facharbeit zu einer Folge einfacher Verrichtungen ohne besondere Ansprüche an die Qualifikation der Arbeiter"[27] umfunktioniert werden. Durch die hohe Typisierung der Produkte ist außerdem eine weitgehende Mechanisierung der Fertigung ermöglicht worden. Weitere Veränderungen sind eine geringere Lagerhaltung und die Reduzierung des Aufwandes beim Kundendienst gewesen.

Als Parallelen zum tayloristischen Denken zählen u.a. folgende Merkmale:

- Trennung von Hand- und Kopfarbeit

---

[24] Vgl. Bea/Göbel 2002, S. 61.
[25] Vgl. Siepmann/Siepmann 2004, S. 24.
[26] Vgl. Vahs 2009, S. 30, 31.
[27] Bea/Göbel 2002, S. 61.

- Auswahl der am besten geeigneten Arbeiter
- Daten wie z. B. vorhandenes Wissen in schriftlicher Form zu sammeln und zu klar definierten Gesetzen, Regeln und Grundsätzen zusammenzufassen sowie die
- enge Kontrolle der ausführenden Arbeitskräfte.[28]

Daneben konnten ebenso die angestrebten Ziele des tayloristischen Ansatzes in der Praxis umgesetzt werden, was wiederum die Vorteile des Taylorismus bestätigt. Schließlich hat der „Fordismus" zu einer erheblichen Produktivitätssteigerung geführt. Weiterhin hat sich der Kontrollaufwand verringert, Verkaufspreise konnten gesenkt, die Arbeitszeit verkürzt sowie die Löhne erhöht werden.[29]

Abschließend wird die Thematik kritisch reflektiert und ein Fazit gezogen.

5 Fazit

Die situativen Bedingungen haben sich seit Taylors Zeit massiv verändert und mit ihnen auch die Bewertungen dieses Organisationstyps. Zur damaligen Zeit ist das System zweifelsohne erfolgreich gewesen. Allerdings ist es heute wie damals nicht unumstritten.

Kritik wird in der Literatur insbesondere bei der Art und Weise der Experimentdurchführung geäußert. Der Taylorismus ist demnach eine „Wissenschaft ohne Theorie". Begründet wird der Vorwurf damit, dass die Experimente nicht der Überprüfung von Hypothesen, sondern rein der Lösung von Problemen in der organisatorischen Gestaltung dienen. Weiterhin erfüllen diese nicht die Standards, die an wissenschaftliche Experimente gestellt werden. Diese wurden verletzt, indem zu geringe Stichproben ausgewertet, keine Zufallsauswahl der Arbeiter und keine Kontroll- und Folgeuntersuchungen stattgefunden haben.[30]

Heutzutage dient der Taylorismus vor allem als Modell, um aufzuzeigen, wie nicht organisiert werden sollte. Statt strikter Arbeitsteilung wird empfohlen die Arbeit anzureichern und mehrere Teilaufgaben zu integrieren, die dann auf Gruppen übertragen werden. Die Arbeiter sollen sich selbst steuern und kontrollieren.[31]

Beispiele dafür sind moderne Arbeitsstrukturierungsmodelle:

- Job enlargement (individuell quantitativ)
- Job rotation (kollektiv quantitativ)
- Job enrichment (individuell qualitativ)

---

[28] Vgl. Bea/Göbel 2002, S. 61.
[29] Vgl. Vahs 2009, S. 30, 31.
[30] Vgl. Kieser/Walgenbach 2010, S. 32.
[31] Vgl. Bea/Göbel 2002, S. 61.

- teilautonome Gruppen (kollektiv qualitativ)

Der Grundgedanke findet zwar teilweise in der Praxis noch Umsetzung, wie z. B. in der Fließbandfertigung, allerdings in modifizierter Form. Die Unterschiede zeigen sich darin, dass die Anwendung vermehrt direkt auf das Management stattfindet und nicht mehr nur auf die arbeitstechnischen Probleme im Fertigungsbereich. Außerdem wird eine andere Rhetorik verwendet, sodass nicht mehr von der „Aneignung des Wissens der Arbeiter" sondern von der „lernenden Organisation" gesprochen wird. Das Ziel, implizites Wissen in formale Regelwerke zu übertragen und somit der Organisation zur Verfügung zu stellen, bleibt jedoch das Gleiche.[32]

---

[32] Vgl. Kieser/Walgenbach 2010, S. 33.

Literaturverzeichnis

Bea, Franz Xaver/ Göbel, Elisabeth (2002)	Organisation: Theorie und Gestaltung. Stuttgart: Lucius & Lucius Verlag. 2. Auflage.
Bühner, Rolf (2004)	Betriebswirtschaftliche Organisationslehre. München u.a.: Oldenbourg Verlag. 10. bearbeitete Auflage.
Kieser, Alfred/ Walgenbach, Peter (2010)	Organisation, Stuttgart: Schäffer-Poeschel Verlag. 6. überarbeitete Auflage.
Siepmann, Heinrich/ Siepmann, Ursula (2004)	Verwaltungsorganisation, Stuttgart: Kohlhammer Verlag. 6. überarbeitete Auflage.
Universität Köln (Hrsg.) (o. J.)	Lernskript Psychologie. Online: http://www.uni-koeln.de/phil-fak/fs-psych/serv_pro/skripte/aokm/Lernskript_AO Psychologie_E.Wesch.pdf (vom 28.02.2012).
Vahs, Dietmar (2009)	Organisation: Ein Lehr- und Managementbuch. Stuttgart: Schäffer-Poeschel Verlag. 7. überarbeitete Auflage.
Wirtschaftslexikon (o. J.)	Organisationstheorie. Online: http://www.wirtschaftslexikon24.net/d/-organisationstheorie/organisationstheorie.htm (vom 28.02.2012).

Anlage

Präsentationsfolien

Organisationstheoretische Ansätze:

Der Taylorismus

Gliederung

Einführung
- organisationstheoretische Ansätze
- Einordnung Taylorimus

Taylorismus – Das Konzept
- Vertreter des Ansatzes
- Hintergrund und Entwicklung
- Kennzeichen
- Vor- und Nachteile

praktische Umsetzung

Fazit

Einführung
organisationstheoretische Ansätze

„Moses wird von seinem Schwiegervater
darauf aufmerksam gemacht, wie
unzweckmäßig für das Volk und ihn
selbst es ist, alle Streitfälle selbst zu
schlichten, und er erhält Hinweis für eine
„Reorganisation" des Verfahrens."

2. Buch Moses, 18. Kapitel, Vers 13-24

Einführung
organisationstheoretische Ansätze

◻ Aufgabe ist es ein Aussagesystem
bereitzustellen

◻ dient der Erforschung, Erklärung von
Erscheinungsformen sowie der Entwicklung von
Prinzipien

◻ viele theoretische Ansätze statt einer Theorie

  ◻ unterschiedliche Organisationsbegriffe

  ◻ verschiedene Aspekte, Methoden und
  Menschenbilder

13

Einführung
Einordnung Taylorismus

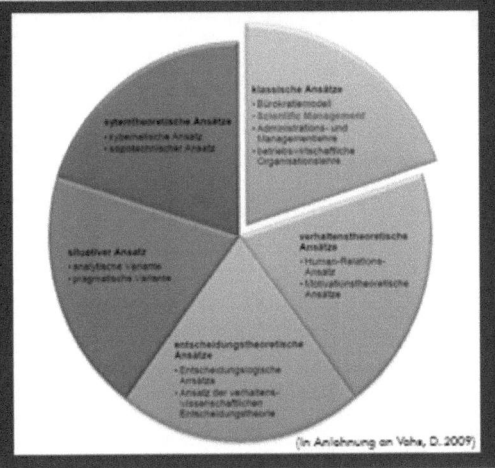

(In Anlehnung an Vahs, D. 2009)

Taylorismus – Das Konzept
Vertreter des Ansatzes

- Frederick Winslow Taylor (*1856 / † 1915)

- „Father of Scientific Management"

- Werke:
  - „Shop Management" (1903)
  - „The Principles of Scientific Management"" (1911)

- Lehre als Maschinenbauer

- Ingenieur und Unternehmensberater

- arbeitsbesessen, leistungsorientiert, diszipliniert

Taylorismus – Das Konzept
Hintergrund/ Entwicklung

Einführung
* organisationstheoretische Ansätze
* Einordnung Taylorismus

Taylorismus – Das Konzept
* Vertreter des Ansatzes
* Hintergrund/Entwicklung
* Kennzeichen
* Vor- und Nachteile

praktische Umsetzung

Fazit

▫ Industrialisierung – Ende 19. Jahrhundert

▫ Übergang von der handwerklichen Fertigung zur Massenproduktion

▫ Rationalisierung und effektive Arbeitsleistung

▫ Vorläufer: Stecknadelbeispiel (Adam Smith)

▫ Studie Taylors ist der Ausgangspunkt wissenschaftlicher Analysen von Arbeit und Management

---

Taylorismus – Das Konzept
Kennzeichen

Gliederung

Einführung
* organisationstheoretische Ansätze
* Einordnung Taylorismus

Taylorismus – Das Konzept
* Vertreter des Ansatzes
* Hintergrund/Entwicklung
* Kennzeichen
* Vor- und Nachteile

praktische Umsetzung

Fazit

Metapher ⟶ „Organisation als Maschine

Prinzipien/ Merkmale:

▫ Trennung von Hand- und Kopfarbeit

▫ Zeitstudien

▫ Pensum und Differenzial-Lohnsystem

▫ Auslese und Anpassung der Arbeiter

▫ Versöhnung zwischen Arbeiter und Unternehmer

Taylorismus – Das Konzept
Kennzeichen

Ziele: „one best way"

- Steigerung der Arbeitsleistung
- optimale Ausnutzung aller Ressourcen
- wachsender Wohlstand und dessen gerechte Verteilung
- Erziehung der Arbeiter zu „wertvollen" Menschen
- Optimierung der Ablauforganisation
- Effizienzsteigerung

Taylorismus – Das Konzept
Vor- und Nachteile

Vorteile	Nachteile
Optimierung	pessimistisches Menschenbild („faul, dumm, etc.")
Produktivitäts-/ Effizienzsteigerung	Mensch als Produktionsfaktor
Substituierbarkeit des Faktors Arbeit	Monotonie
kurze Anlern- und Einarbeitungszeiten	fehlende Identifikation
steigendes Lohnniveau	einseitige Belastung
einfache Kontrolle	soziale Isolation
teilweise Zielharmonie zwischen Arbeiter und Unternehmer	betriebliche Zwei Klassen-Gesellschaft
	hoher Koordinationsaufwand

(In Anlehnung an Siepmann/Siepmann 2004; Bea/Göbel 2002)

praktische Umsetzung

◻ große Resonanz

◻ Weiterentwicklung von Zeit- und Bewertungsstudien (REFA)

◻ Höhepunkt in der Fließbandfertigung

◻ 1913: Prinzip der Fließfertigung (Henry Ford)

Herstellung von Automobilen:

„von einer qualifizierten Facharbeit zu einer Folge einfacher Verrichtungen ohne besondere Ansprüche an die Qualifikation der Arbeiter"

---

praktische Umsetzung

Parallelen zum tayloristischen Denken

◻ Trennung von Hand- und Kopfarbeit

◻ Auswahl am besten geeigneter Arbeiter

◻ implizites Wissen formalisieren

◻ Kontrolle der ausführenden Arbeitskräfte

◻ Produktivitätssteigerung

◻ Verringerung Kontrollaufwand

◻ Senkung der Verkaufspreise

◻ Verkürzung der Arbeitszeit

◻ Lohnerhöhungen

Fazit

- Veränderung situativer Bedingungen sowie Bewertung des Organisationstyps

- „Wissenschaft ohne Theorie"

- Taylorismus als „Negativ-Modell"
  - Wie soll nicht organisiert werden -

- moderne Arbeitsstrukturierungsmodelle
  - Job enlargement; Job enrichment
  - Job rotation; teilautonome Gruppen

- praktische Umsetzung in modifizierter Form

Vielen Dank

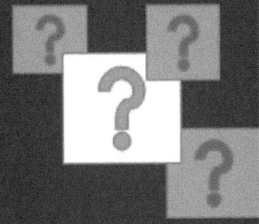

18